Enid Artursdottir

Auskunfts-Antrag

Enid Artursdottir

Auskunfts-Antrag

Kindesmutter-Unterhalt

Trainerverlag

Imprint

Cover image: www.ingimage.com

Publisher:
Der Trainerverlag
is a trademark of
International Book Market Service Ltd., member of OmniScriptum Publishing Group
17 Meldrum Street, Beau Bassin 71504, Mauritius

Printed at: see last page
ISBN: 978-620-0-76789-9

Inhaltsverzeichnis:

I. **Kontaktaufnahme:**

1. Schreiben an die Kanzlei „Skriba“[1]:

Sehr geehrte Frau T.,

wie soeben telefonisch besprochen.

Mit freundlichen Grüßen

Kindesmutter

[1] 19.09.2019

2. Schreiben an die Kanzlei „Skriba“[2]:

Sehr geehrte Frau T.,

die übrigen Unterlagen werde ich in Papierform mitbringen.

Mit freundlichen Grüßen

Kindesmutter

[2] 19.09.2019

II. Konfrontation:

1. Schreiben der Kanzlei „Skriba“ an die Kindesmutter[3]:

Sehr geehrte Frau G.,

im Anhang überlassen wir Ihnen unser Schreiben an die gegnerischen Bevollmächtigten zur Kenntnisnahme.

Wir kommen auf die Angelegenheit unaufgefordert zurück.

Mit freundlichen Grüßen

Rechtsanwalt

- Fachanwalt für Familienrecht -

---

[3] 31.10.2019

2. Schreiben der Kanzlei „Skriba“ an die Kanzlei „Maus“[4]:

G. ./. B.

Sehr geehrte Herren Kollegen,

sehr geehrter Herr Kollege,

in obiger Angelegenheit zeigen wir Ihnen an, eine uns ausweisende Vollmacht in der Anlage, dass wir Frau G. anwaltlich vertreten.

Unsere Mandantin ist die ehemalige Lebenspartnerin Ihres Mandanten.

Aus dieser nichtehelichen Lebensgemeinschaft sind insgesamt drei gemeinsame Kinder hervorgegangen.

Unsere Beauftragung richtet sich auf die Geltendmachung von Unterhaltsansprüchen unserer Mandantin nach § 1615 l BGB.

Insoweit ist Ihr Mandant gehalten, Auskunft über das dort erzielte Einkommen zu erteilen. Soweit Ihr Mandant Einkünfte aus nicht selbständiger Tätigkeit erzielt, ist die Auskunft zu belegen durch Vorlage

[4] 31.10.2019

der letzten 12 Lohn- / Gehaltsabrechnungen, also für den Zeitraum von Oktober 2018 bis einschließlich September 2019.

Soweit bekannt, verfügt Ihr Mandant auch über Einkünfte aus selbständiger Tätigkeit. Auch hierüber ist Auskunft zu erteilen durch Vorlage der Gewinn- und Verlustrechnungen für den Zeitraum von 2016 bis 2018.

Des Weiteren ist Auskunft zu erteilen durch Vorlage der Einkommenssteuererklärungen für die Jahre 2016 bis 2018 sowie die Steuerbescheide für den gleichen Zeitraum.

Zur Auskunftserteilung geben wir Gelegenheit bis zum

22. November 2019.

Mit freundlichen und kollegialen Grüßen

Rechtsanwalt

3. Schreiben des Kindesvaters an die Kindesmutter[5]:

….ich hatte auf eine liebevolle Mail von Dir gehofft.

Bekommen habe ich das (Anhang)

Ist es das was Du willst?

Kampf?

Pfeiff die sofort zurück!

ich

[5] 09.11.2019

4. Schreiben des Kindesvaters an die Kindesmutter[6]:

...bin in der Realität angekommen.

Sag mir bis Dienstag ob Du die zurückgepfiffen hast.

Sonst widme ich mich dem Ding.

Krieg.

Lasse meine Arbeit liegen.

Mache nur das.

Ich liebe Dich.

Lass es nicht dazu kommen.

ich

---

[6] 09.11.2019

5. Schreiben des Kindesvaters an die Kindesmutter[7]:

....bin angekommen:

Geldgier

ich

[7] 09.11.2019

6. Schreiben des Kindesvaters an die Kindesmutter[8]:

.....ich bin falsch auf diesem Strafplaneten.

Geldgier

Ich

[8] 09.11.2019

7. <u>Schreiben des Kindesvaters an die Kindesmutter[9]:</u>

....so eine Scheiße.

Was hast Du da wieder angezettelt.

Du kriegst doch nicht mehr Geld wenn Du gegen mich bist.

Was soll das?

Gib mir einen Grund Dir Geld zu geben.

Ich werde Geld von Dir fordern.

Schwachsinn.

ich

[9] 09.11.2019

8. Schreiben des Kindesvaters an die Kindesmutter[10]:

.....die Anwälte nehmen jeden Auftrag dankbar hin.

ich

---

[10] 09.11.2019

9. Schreiben des Kindesvaters an die Kindesmutter[11]:

Dienstag ist vorbei

[11] 13.11.2019

10. Schreiben des Kindesvaters an die Kindesmutter[12]:

.....was sagen, was fragen

[12] 15.11.2019

11. Schreiben des Kindesvaters an die Kindesmutter[13]:

.....will er sprechen, nicht schreiben

[13] 15.11.2019

12. Schreiben des Kindesvaters an die Kindesmutter[14]:

……es werden erhebliche Kosten kommen.

Besonders für Dich.

Willst Du wirklich in den Krieg ziehen?

Lass uns lieben, nicht kämpfen!

Also, was ist?

Ich

[14] 15.11.2019

13. Schreiben des Kindesvaters an die Kindesmutter[15]:

……das war mein letzter Versuch

Ich

[15] 15.11.2019

14. Schreiben des Kindesvaters an die Kindesmutter[16]:

….Du hattest die Gelegenheit.

Willst es nicht.

So ziehe ich jetzt durch.

Gnade Dir (Gott?)

Ich

---

[16] 15.11.2019

15. Schreiben der Kindesmutter an den Kindesvater[17]:

ab sofort

absolutes Haus-

und Grundstücksverbot

[17] 15.11.2019

16. Schreiben der Kanzlei „Maus" an die Kanzlei „Skriba"[18]:

B. ./. G.

Sehr geehrter Herr Kollege,

unter Bezugnahme auf Ihr Schreiben vom 31.10.2019 teilen wir unter Verweis auf anliegende Vollmacht hin, dass wir seit gestern die Vertretung von Herrn B. übernommen haben.

Wir weisen darauf hin, dass die Forderungen Ihrer Mandantin unschlüssig sind, insbesondere auch nicht ersichtlich ist, dass ein Unterhaltsanspruch besteht und Auskünfte unseres Mandanten erforderlich seien.

Ein Unterhaltsanspruch Ihrer Mandantin leitet sich insbesondere nicht ab von den Einkünften unseres Mandanten. Da Ihre Mandantin über Ruhegehalt- bzw. Pensionseinkünfte verfügt, besteht ein Unterhaltsanspruch offenkundig nicht einmal dem Grunde nach.

[18] 19.11.2019

Mit freundlichen kollegialen Grüßen

Rechtsanwalt

17. Schreiben der Kanzlei „Skriba“ an die Kindesmutter[19]:

Sehr geehrte Frau G.,

in obiger Angelegenheit überlassen wir Ihnen unser Schreiben der gegnerischen Bevollmächtigten vom 19.11.2019 mit der Bitte um Terminsvereinbarung.

Mit freundlichen Grüßen

Rechtsanwalt

- Fachanwalt für Familienrecht -

[19] 21.11.2019

III. Auskunftsbitte:

1. Schreiben der Kanzlei „Skriba" an die Kindesmutter[20]:

Sehr geehrte Frau G.,

im Anhang überlassen wir Ihnen unser heutiges Schreiben zur Kenntnisnahme.

Mit freundlichen Grüßen

Rechtsanwalt

- Fachanwalt für Familienrecht -

[20] 23.12.2019

2. Schreiben der Kanzlei „Skriba“ an die Kanzlei „Maus“[21]:

G. ./. B.

Sehr geehrte Herren Kollegen,

sehr geehrter Herr Kollege,

in obiger Angelegenheit nehmen wir Bezug auf Ihr Schreiben mit Datum vom 19.11.2019.

Sofern Sie die Forderung unserer Mandantin für unschlüssig halten, ist dies nicht nachzuvollziehen.

Unsere Mandantin ist die ehemalige Lebenspartnerin Ihres Mandanten.

Aus der Beziehung der Beteiligten sind drei gemeinsame Kinder hervorgegangen.

Das jüngste Kind ist nicht einmal drei Jahre alt.

Insofern dürfte nachvollziehbar sein, dass dem Grunde nach ein Unterhaltsanspruch nach § 1615 l BGB besteht.

---

[21] 23.12.2019

Unsere Mandantin verfügt nicht über das Einkommen, über welches sie verfügen würde, wären die drei gemeinsamen Kinder nicht geboren worden.

Selbstverständlich richtet sich die Höhe des Unterhaltsanspruches nicht nach dem Einkommen Ihrer Partei.

Dennoch ist Ihre Partei zur Auskunft verpflichtet, gehört doch auch zur Ermittlung des Unterhaltsanspruches die Frage nach der Leistungsfähigkeit.

Letztmalig wird daher Ihrer Partei Gelegenheit gegeben, die mit Schreiben vom 31.10.2019 angeforderte Auskunft zu erteilen und die dazu notwendigen Belege vorzulegen.

Hierzu haben wird uns eine letzte Frist bis zum

22. November 2019.

Notiert.

Abschließend überreichen wir in der Anlage in Kopie Auszüge aus dem E-Mail-Verkehr zwischen den Parteien, aus der Zeit nach diesseitigem Auskunftsverlangen.

In diesem E-Mail-Verkehrt spricht Ihr Mandant unter anderem von Krieg und von Kampf.

Sicherlich wäre es wünschenswert, die Wortwahl etwas zu entschärfen.

Dies nicht zuletzt deshalb, weil beiden Beteiligten auch eine Verantwortung gegenüber den drei gemeinsamen minderjährigen Kindern besteht.

Eine Unterhaltsfrage ist zu klären, sonst nichts.

Es geht nicht um Krieg oder Kampf.

Wir wären dankbar, wenn dies möglicherweise Ihrem Mandanten vermittelt werden kann.

Mit freundlichen und kollegialen Grüßen

Rechtsanwalt

3. Schreiben der Kanzlei „Maus" an die Kanzlei „Skriba"[22]:

B. ./. G.

Sehr geehrter Herr Kollege,

Ihre Ausführungen gemäß Schreiben vom 23.12.2019 sind nach wie vor unschlüssig und unerheblich.

Es ist bisher nicht ansatzweise ersichtlich, dass Ihrer Mandantin dem Grunde nach ein Unterhaltsanspruch zusteht, wozu auch substantiierte Darlegungen zur Bedürftigkeit gehört; dies ist die Voraussetzung für die Geltendmachung eines Auskunftsanspruches.

Die Behauptung, Ihre Mandantin würde infolge der Geburt nicht über das Einkommen verfügen, über welches Sie ohne Kinder verfügen würde, ist nicht nur gänzlich unsubstantiiert und unzutreffend, sondern erfolg offenkundig auch ins Blaue hinein.

Mit freundlichen kollegialen Grüßen

Rechtsanwalt

---

[22] 03.01.2020

4. Schreiben der Kanzlei „Skriba“ an die Kindesmutter[23]:

Sehr verehrte Kindesmutter,

das Schreiben der gegnerischen Bevollmächtigten vom 03.01.2020 überlassen wir Ihnen im Anhang mit der Bitte um telefonische Rücksprache.

Mit freundlichen Grüßen

Rechtsanwalt
-Fachanwalt für Familienrecht-

[23] 06.01.2020

5. Schreiben der Kindesmutter an die Kanzlei „Skriba"[24]:

Sehr geehrter Herr Rechtsanwalt,

Ihnen verspätet noch ein Frohes Neues Jahr.

Am 06.01.2020 erhielt ich per Mail Ihre Bitte um telefonische Rücksprache und rief unmittelbar in Ihrer Kanzlei an.

Frau P. teilte mir mit, Sie seien in einem Gespräch und würden mich zurückrufen. Auf Ihren Rückruf habe ich gewartet.

Tags darauf rief ich erneut in Ihrer Kanzlei an. Frau T. teilte mir mit, Sie seien nicht im Haus, würden sich aber bei Gelegenheit melden.

Anbei zur Kenntnisnahme (siehe Anhang).

Mit freundlichen Grüßen

Kindesmutter

[24] 11.01.2020

6. <u>Schreiben der Kanzlei „Skriba“ an die Kindesmutter[25]:</u>

zur Kenntnisnahme!

Mit freundlichen Grüßen

Rechtsanwalt

-Fachanwalt für Familienrecht-

---

[25] 22.01.2020

7. <u>Schreiben der Kanzlei „Skriba“ an die Kanzlei „Maus“[26]:</u>

G. ./. B.

Sehr geehrte Herren Kollegen,

sehr geehrter Herr Kollege,

in obiger Angelegenheit nehmen wir Bezug auf Ihr Fax vom 3. Januar 2020.

Die von Ihnen angesprochenen Punkte wären, wenn überhaupt, in einer Leistungsstufe zu klären.

Eine Auskunft ist auf jeden Fall von Ihrem Mandanten zu erteilen.

Unsere Mandantin verfügt nur über einen Teil ihres ansonsten erzielbaren Einkommens.

Ein Anspruch unserer Mandantin ergibt sich, wie bereits mehrfach dargelegt, aus § 1615 I BGB.

Wir wiederholen – letztmalig außergerichtlich – das Auskunftsverlangen und sehen einer entsprechenden Auskunftserteilung und Vorlage der Belege durch Ihren Mandanten zum

6. Februar 2020

entgegen.

---

[26] 22.01.2020

Sollte auch diese Frist ergebnislos verstreichen, sehen wir den Versuch, eine außergerichtliche Erledigung herbeizuführen, als gescheitert an und werden der Mandantin empfehlen, den berechtigten Auskunftsanspruch gerichtlich geltend zu machen.

Mit freundlichen kollegialen Grüßen

Rechtsanwalt

8. Schreiben der Kanzlei „Skriba“ an die Kindesmutter[27]:

Sehr verehrte Kindesmutter,

im Anhang überlassen wir Ihnen das Schreiben der gegnerischen Kanzlei mit der Bitte um telefonische Rücksprache.

Mit freundlichen Grüßen

Rechtsanwalt
-Fachanwalt für Familienrecht-

[27] 24.02.2020

9. Schreiben der Kanzlei „Maus“ an die Kanzlei „Skriba“[28]:

B. ./. G.

Sehr geehrter Herr Kollege,

Ihre Ausführungen im Schreiben vom 22.01.2020 sind in unzutreffend.

Gemäß der einschlägigen Rechtsprechung ist – anderes als bei Unterhaltsansprüchen von Eheleuten – bei dem in Rede stehenden Anspruch nach $ 1615 I BGB Voraussetzung für den Auskunftsanspruch, dass überhaupt Bedürftigkeit dargelegt ist, woran es vorliegend fehlt.

Die Behauptung, Ihre Mandantin verfüge nur über einen Teil des ihr ansonsten zur Verfügung stehenden Einkommens, ist nicht nur unsubstantiiert und damit unerheblich, sondern auch offenkundig falsch.

Im Falle einer gerichtlichen Geltendmachung sind wir als Verfahrensbevollmächtigte unseres Mandanten zu benennen. Auf die bereits vorgelegte Vollmacht wird verwiesen.

Mit freundlichen kollegialen Grüßen

Rechtsanwalt

---

[28] 14.02.2020

IV. Auskunftsantrag:

1. Schreiben der Kanzlei „Skriba" an die Kindesmutter[29]:

Sehr verehrte Kindesmutter,

in obiger Angelegenheit überreichen wir Ihnen den Antragsentwurf in Durchschrift zu Ihrer Kenntnisnahme und Verwendung.

Geltend gemacht wird die Auskunft im Hinblick des von dem Antragsgegner an Sie zu entrichtenden Unterhaltsanspruches nach § 1615l BGB.

Mit Einreichung dieses Antrages ist bei dem zuständigen Amtsgericht ein Gerichtskostenvorschuss von 159,00 Euro einzuzahlen.

Wir bitten Sie daher, sehr verehrte Kindesmutter, diesen Betrag nebst einem Vorschuss von weiteren 300,00 Euro auf eines der unten angegebenen Konten einzuzahlen.

Sobald diese Beträge hier eingehen, werden wir den Antrag mit Einzahlung des Gerichtskostenvorschusses bei dem zuständigen Amtsgericht einreichen.

[29] 19.03.2020

Sollten Ihrerseits Rückfragen bestehen, stehen wir Ihnen hierzu gerne zur Verfügung.

Mit freundlichen Grüßen

Rechtsanwalt
-Fachanwalt für Familienrecht-

2. <u>Entwurf des Schreibens der Kanzlei „Skriba“ an das Gericht[30]:</u>

ANTRAG wegen Auskunft

der Kindesmutter

- Antragstellerin –

Verfahrensbevollmächtigte: Rechtsanwalt der Kanzlei „Skriba“

g e g e n

den Kindesvater

- Antragsgegner –

Verfahrensbevollmächtigte: Rechtsanwalt der Kanzlei „Maus“

wegen: Auskunft.

---

30 19.03.2020

Namens der Antragstellerin – ordnungsgemäße Bevollmächtigung versichernd – wird beantragt:

1. **Den Antragsgegner zu verpflichten,**

    a) **Der Antragstellerin durch Vorlage einer schriftlichen systematischen Aufstellung Auskunft zu erteilen über sämtliche Einkünfte nebst den entsprechenden Belastungen und sonstigen Verbindlichkeiten im Zeitraum von März 2019 bis einschließlich Februar 2020;**

    b) **Die Auskunft zu a) zu belegen, insbesondere durch Vorlage sämtlicher monatlicher Gehaltsbescheinigungen für den Zeitraum von März 2019 bis Februar 2020 nebst Spesenabrechnungen und Bescheiden über Lohnersatzleistungen,**

    durch Vorlage der Gewinn- und Verlustrechnungen aus seiner selbständigen Tätigkeit für den Zeitraum von 201 bis 2018

    durch Vorlage der Einkommenssteuererklärungen und der dazu gehörenden Steuerbescheide für die Jahre 2016 bis 2018.

2. **Ggfls. die Richtigkeit und Vollständigkeit seiner Auskünfte eidesstattlich zu versichern,**

3. **An die Antragstellerin ab 1. November 2019 einen nach Auskunftserteilung zu beziffernden Unterhalt zu zahlen;**

4. **Der Antragsgegner trägt die Kosten des Verfahrens.**

Begründung:

Die Beteiligten sind ehemalige Lebenspartner.

Aus der nichtehelichen Lebensgemeinschaft der Beteiligten sind insgesamt drei gemeinsame Kinder hervorgegangen.

Dies sind die Zwillinge, sowie das weitere Kind.

Alle drei Kinder leben in der Obhut der Antragstellerin. Der Antragstellerin steht gegenüber dem Antragsgegner ein Unterhaltsanspruch nach § 1615 I BGB zu.

Um ermessen zu können, ob und in welcher Höhe der Antragsgegner gehalten ist, entsprechende Unterhaltsansprüche gegenüber der Antragstellerin zu bedienen, ist diese darauf angewiesen, Auskunft zu erhalten.

Die Bevollmächtigten des Antragsgegners wurden mit Schreiben der Bevollmächtigten der Antragstellerin vom 31.10.2019 aufgefordert, Auskunft über das von ihm erzielte Einkommen zu erteilen.

Beweis: Vorlage des Schreibens der Bevollmächtigten der Antragstellerin vom 31.10.2019 in Kopie

Mit Schreiben der Bevollmächtigten der Antragstellerin vom 21.12.2019 wurde das Auskunftsverlangen nochmals wiederholt.

Ein letzter Versuch, ohne gerichtliche Hilfe Auskunft zu erhalten, wurde mit Schreiben der Bevollmächtigten der Antragstellerin vom 22.01.2020 wiederholt.

Beweis: Vorlage des Schreibens der Bevollmächtigten der Antragstellerin vom 23.12.2019 bzw. 22.01.2020 in Kopie

Eine Auskunftserteilung erfolgte durch den Antragsgegner nicht.

Daher ist Klage geboten.

Die Zuständigkeit des Amtsgerichts ergibt sich daraus, dass vor dem erkennenden Gericht unter dem Aktenzeichen ein Verfahren gegen den Antragsgegner wegen des Kindesunterhaltes rechtshängig ist.

Somit besteht eine Zuständigkeit des Amtsgerichts entsprechend der Vorschrift des § 232 Abs. 3 Ziffer 1 Fam FG.

Rechtsanwalt

3. Schreiben der Kindesmutter an die Kanzlei „Skriba“[31]:

Sehr geehrter Herr Rechtsanwalt,

vielen Dank für die Überreichung des Antragsentwurfs.

Wäre es Ihnen möglich, mir eine separate Rechnung zukommen zu lassen (a) 159,00 Euro Gerichtskostenvorschuss; b) 300,00 Euro Vorschusskosten), damit ich die Beträge / den Betrag unmittelbar auf eines der angegebenen Konten einzahlen kann?

Mit freundlichen Grüßen

Kindesmutter

[31] 19.03.2020

4. <u>Schreiben der Kindesmutter an die Kanzlei „Skriba"[32]:</u>

Sehr geehrter Herr Rechtsanwalt,

wäre es Ihnen möglich, den Kalendermonat (Antragsentwurf Seite .../3 Punkt 3.) von **November 2019** in **<u>Oktober 2019</u>** abzuwandeln (da die erste Auskunftsbitte aus dem Monat Oktober 2019 stammt)?

Mit freundlichen Grüßen

Kindesmutter

[32] 19.03.2020

5. Schreiben der Kindesmutter an die Kanzlei „Skriba"[33]:

Sehr geehrter Herr Rechtsanwalt,

wie erbeten, habe ich soeben die von Ihnen genannten Beträge eingezahlt: a) 159 Euro Gerichtskostenvorschuss, b) 300 Euro Vorschusskosten (s.u.). Bitte stellen Sie mir diesbezüglich noch eine Rechnung / Quittung o.ä. aus.

Mit freundlichen Grüßen

Kindesmutter

Zahlungsbeleg:

- Empfänger: Kanzlei „Skriba"
- Überweisungsbetrag: -459,00 €
- Verwendungszweck: Antrag auf Auskunft – Gerichtskostenvorschuss von 159,00 Euro nebst Vorschuss von 300,00 Euro mit Bitte um Rechnung
- Buchungsdatum: 23.03.2020
- Wertstellungsdatum: 23.03.2020
- IBAN: IBAN
- BIC: BIC
- Umsatzart: Überweisung

[33] 19.03.2020

6. Schreiben der Kanzlei „Skriba" an die Kindesmutter[34]:

Antrag auf Auskunft

Sehr verehrte Kindesmutter,

in obiger Angelegenheit nehmen wir Bezug auf Ihre Email vom 21.3.2020 und überreichen anliegend eine entsprechende Kostennote zur gefl. Verwendung.

Mit freundlichen Grüßen

Rechtsanwalt

[34] 23.03.2020

7. Kostennote der Kanzlei „Skriba" an die Kindesmutter[35]:

KOSTENNOTE

In Sachen ./.

Rechnungsnummer

Abgerechnet wurde nach §§ 2, 13 RVG

Geb. Nr. GV

Gebührenvereinbarung § 34 RVG – pauschal –

Gebühr 252,10

Geb. Nr. 7008

19,00 % Umsatzsteuer aus 252,10 €

Gebühr 47,90

Summe 300,00

Zuzüglich 3,0 Gerichtskosten 159,00

Summe 459,00

[35] 23.03.2020

8. Schreiben der Kindesmutter an die Kanzlei „Skriba“[36]:

Sehr geehrter Herr Rechtsanwalt,

vielen Dank für die Überreichung der Kostennote, welche mich heute postalisch erreichte.

Ich habe den Gesamtbetrag am 21.03.2020 überwiesen, sodass er Ihrem Konto inzwischen gutgeschrieben worden sein dürfte.

Mit freundlichen Grüßen

Kindesmutter

[36] 24.03.2020

9. Schreiben der Kanzlei „Skriba“ an die Kindesmutter[37]:

Sehr verehrte Kindesmutter,

den vorbereiteten Antrag haben wir heute bei Gericht eingereicht.

Vom Fortgang werden wir Sie unterrichten.

Mit freundlichen Grüßen

Rechtsanwalt

-Fachanwalt für Familienrecht-

[37] 27.03.2020

10. Schreiben der Kanzlei „Skriba“ an das Gericht[38]:

ANTRAG wegen Auskunft

der Kindesmutter

- Antragstellerin –

Verfahrensbevollmächtigte: Rechtsanwalt der Kanzlei „Skriba“

g e g e n

den Kindesvater

- Antragsgegner –

Verfahrensbevollmächtigte: Rechtsanwalt der Kanzlei „Maus“

wegen: Auskunft.

[38] 27.03.2020

Namens der Antragstellerin – ordnungsgemäße Bevollmächtigung versichernd – wird beantragt:

1. Den Antragsgegner zu verpflichten,

a) Der Antragstellerin durch Vorlage einer schriftlichen systematischen Aufstellung Auskunft zu erteilen über sämtliche Einkünfte nebst den entsprechenden Belastungen und sonstigen Verbindlichkeiten im Zeitraum von März 2019 bis einschließlich Februar 2020;

b) Die Auskunft zu a) zu belegen, insbesondere durch Vorlage sämtlicher monatlicher Gehaltsbescheinigungen für den Zeitraum von März 2019 bis Februar 2020 nebst Spesenabrechnungen und Bescheiden über Lohnersatzleistungen,

durch Vorlage der Gewinn- und Verlustrechnungen aus seiner selbständigen Tätigkeit für den Zeitraum von 201 bis 2018

durch Vorlage der Einkommenssteuererklärungen und der dazu gehörenden Steuerbescheide für die Jahre 2016 bis 2018.

2. **Ggfls. die Richtigkeit und Vollständigkeit seiner Auskünfte eidesstattlich zu versichern,**

3. **An die Antragstellerin ab 1. November 2019 einen nach Auskunftserteilung zu beziffernden Unterhalt zu zahlen;**

4. **Der Antragsgegner trägt die Kosten des Verfahrens.**

Begründung:

Die Beteiligten sind ehemalige Lebenspartner.

Aus der nichtehelichen Lebensgemeinschaft der Beteiligten sind insgesamt drei gemeinsame Kinder hervorgegangen.

Dies sind die Zwillinge, sowie das weitere Kind.

Alle drei Kinder leben in der Obhut der Antragstellerin. Der Antragstellerin steht gegenüber dem Antragsgegner ein Unterhaltsanspruch nach § 1615 l BGB zu.

Um ermessen zu können, ob und in welcher Höhe der Antragsgegner gehalten ist, entsprechende Unterhaltsansprüche gegenüber der

Antragstellerin zu bedienen, ist diese darauf angewiesen, Auskunft zu erhalten.

Die Bevollmächtigten des Antragsgegners wurden mit Schreiben der Bevollmächtigten der Antragstellerin vom 31.10.2019 aufgefordert, Auskunft über das von ihm erzielte Einkommen zu erteilen.

Beweis: Vorlage des Schreibens der Bevollmächtigten der Antragstellerin vom 31.10.2019 in Kopie

Mit Schreiben der Bevollmächtigten der Antragstellerin vom 21.12.2019 wurde das Auskunftsverlangen nochmals wiederholt.

Ein letzter Versuch, ohne gerichtliche Hilfe Auskunft zu erhalten, wurde mit Schreiben der Bevollmächtigten der Antragstellerin vom 22.01.2020 wiederholt.

Beweis: Vorlage des Schreibens der Bevollmächtigten der Antragstellerin vom 23.12.2019 bzw. 22.01.2020 in Kopie

Eine Auskunftserteilung erfolgte durch den Antragsgegner nicht.

Daher ist Klage geboten.

Die Zuständigkeit des Amtsgerichts ergibt sich daraus, dass vor dem erkennenden Gericht unter dem Aktenzeichen ein Verfahren gegen den Antragsgegner wegen des Kindesunterhaltes rechtshängig ist.

Somit besteht eine Zuständigkeit des Amtsgerichts entsprechend der Vorschrift des § 232 Abs. 3 Ziffer 1 Fam FG.

Rechtsanwalt

Printed by Books on Demand GmbH, Norderstedt / Germany